रूह के सुरूर

शुभ चिंतन

ISBN

Hardcase 979-8-88883-617-0
Paperback 979-8-88883-618-7

कविताओं का यह संकलन मेरी माँ श्रीमती
शशि बाला अग्रवाल और पिता स्वर्गीय श्री ज्ञानेंद्र
अग्रवाल को समर्पित है।

अनुक्रमणिका

प्रस्तावना 11

1. जमाने तेरी दस्तानों के गुच्छे 15

2. भँवरा कोई कली को गया चूम दिखे है 16

3. हम तुम से मिले हैं या अजनबी से मिले हैं 17

4. तोता क़फ़स-नशीन बे-ज़ुबान नहीं है 18

5. हर अहद में निज़ाम हवाओं के साथ थे 19

6. ज़िन्दगी कुहू कुहू करे है, सुन भी
   लीजे दोस्तों 21

7. यहाँ की बुलबुलों के दिल में ख़ुद सय्याद
   रहता है 23

8. लब दिए जब पत्थरों को, जुम्बिशें होने लगीं 24

9. हमाम-ए-दिल में भी जज़्बात बा-लिबास रहे 25

10. मेरे चेहरे पे शिकन कोई नहीं, ये तो टूटा
    है आईना तुमसे 26

11. सर की दस्तारों से पा-ए-हुक्मराँ गुलज़ार है 27

12. ग़ज़ल की फ़रमाइशें जल्लाद ले के आ गए 28

13. हर ज़ख़्म, माँग कर कलम हमसे, करके
    सीने पे दस्तख़त गुजरा 29

14.	ये बिन्त-ए-दर्द अभी उतनी सयानी ना थी 31

15.	चंद कतरे तुम्हारे होते सर्फ़, मेरी
	तिशनालबी चली जाती 32

16.	ख़्वाब मेरे तो मुझको जगाते रहे 34

17.	चूमता है जबीं को जब याराँ, आत्मा
	तक सुरूर जाता है 36

18.	मैं पस-ए-मर्ग भी हूँ आदमी ज़मीनों का 37

19.	इश्क़ करती थी कातिला हमसे 38

20.	जाते जाते मेरे कलेण्डर की, ख़्वाब
	तारीख़ बदल जाते हैं 39

21.	तुम्हारा दिल भी सनम कोई काँच का ना था 41

22.	फिर भी पाँचाली के दिल से ना जुआरी जाए 42

23.	अब्र छोड़ूँ तो मेरे दाग नुमू होते हैं 44

24.	मुझको ख़ातून के अश्कों में भिगोया जाए 45

25.	वो घर से लौट के गए, नक़ाब भूल गए 46

26.	अहल जमीं का आसमान तक नहीं आया 48

27.	फ़राज़, ओट में, ले के जवाल आता है 49

28.	हुक्मराँ की जेब में महसूल आना चाहिए 50

29.	मनसबों के लिए दस्तार बिछाया ना करो 51

30.	नहीं पता था तुम ख़ंजर वहीं छुपाए थे 52

31.	नई डगर पे पुराने बाज़ार चलते हैं 53

32.	खुद का मुश्किल हो तो ग़ैरों का बसाया जाए 54

33. क़ज़ा से पहले हमें ज़िन्दगी तो दे मौला 55

34. शख़्सियत कोंपलों की रखते हो 56

35. मैं लिखूँगा इक ग़ज़ल, आप मौसीकी करना 57

36. बेचते जिस्म हैं, ज़मीर नहीं 58

37. शहनाज़ इक, साजन में सखा ढूँढ रही थी 60

38. तनहा रहा मैं, मौज दीवारों की हो गई 61

39. रावण भी अंजुमन में राम राम किया है 62

40. हैं आप एक मल्लिका, बस ख़्वाब देखिए........... 63

41. बग़ैर शुबहा त'अल्लुक नहीं जवाँ होते 64

42. दर्द तू भी भुला गया हमको 65

43. ज़िन्दगी ना हो तो हस्ती-ए-क़ज़ा कोई नहीं 66

44. वस्ल तमाम हुए, अब फ़िराक़ बाक़ी है............. 67

45. मुस्तक़िल, आँखों में मेरी चिराग़ जलता रहा 68

46. वो मुन्तज़िर ज़रूर थे पर बे-सबर नहीं 69

47. आप क़ुरबत में भी हर वक्त जुदा हैं हमसे 71

48. हिज्र देखा क़ज़ा में दुनिया ने, पीर ने
उसमें भी वस्ल देखा 72

49. जाने कब कौन सा चेहरा नक़ाब हो जाए........... 74

50. तुझको एहसासों की डल झील में ले चलते हैं..... 75

51. वसवसा ये कि कहीं मौत भी आराम ना हो........ 76

52. जब से खोया तुम्हें, तुम सा नहीं पाया मैंने 77

53. फ़ैसलों में भी काश ज़िक्र-ए-हाशिया होता 78

54. आईने टूटें तो चेहरे नहीं टूटा करते 79

55. बदन-ए-हूर में मंदिर निकलते देखेंगे.................. 80

56. नए फ़राज़ सदा ज़लज़लों से निकले हैं............. 81

57. समन्दर आँख में पानी नहीं बना पाए................ 82

58. दरख़्तों से शनासाई करेंगे.................... 83

59. हम तो मिल के ख़ुदा से जाएँगे.................. 85

60. एक दिन खुद को हर मुर्ग़ा हलाल देखेगा........... 87

61. हम अहले इश्क़ हैं, कोरा वरक़ भी पढ़ते हैं 88

62. अक्स बन जाता है सदाओं से 89

63. छोड़ के हमको नहीं दर्द निगोड़े जाते................ 91

64. ये इश्क़ रोज़ नई इंतिहा बनाएगा.................. 92

65. जमीन से जुड़ा ही आसमाँ पे पहुँचेगा................ 93

66. तुम तो किरदार हो, मंजर से चले जाओगे 94

67. चश्म-ए-बेदार में तुमको संजोया जाएगा 95

68. ख़ाक पे रब ने लिखी, तू वो इबारत ज़िन्दगी 96

69. फ़राज़-ए-इंस सदा हादिसों से निकला है.............. 97

70. ये बड़े लोगों की दुनिया है, मुफ़लिसों की नहीं 98

71. हम बेसुरे लोगों में लता ढूँढ रहे हैं.................. 99

72. दर पे आएँगे कई शहँशाह काँसा लेकर............. 101

73. ख़्वाब बस देखा नहीं जाए, तराशा जाए भी...... 102

74. मुफ़लिसी में भी तुझसे सिर्फ़ प्यार माँगेंगे........ 103

75. एक उम्दा बशर बनाना शायरी हमको.............. 105

76. आप ने पैदा करी है पत्थरों में पीर क्या.........106

77. मैं सिर्फ़ जिस्म लबादों में रख के चलता हूँ......107

78. दिल मल्लिका-ए-हिंद का गुलाम का हुआ.........108

79. ग़म भी तो ज़ावेदाँ नहीं होते.........109

80. सिर्फ़ पूजा नहीं, मूरत को प्रेम भाता है.........111

81. गुल आशकार थे मगर ख़ंजर छुपा रहा...........112

82. कृष्ण मीरा संग दो जहाँ में थे...................113

83. जम्हूरियत के सब खाविंद चालबाज रहे..........114

84. वो थे घूँघट में पर हया में ना थे...................115

85. बीज तामीर के तबाही में.........117

86. मंच पर बरहना सियासत का, मुफ्त में
    लोग रक़्स देखेंगे 118

87. क्यों सियासत को ख़ुदा लाज-ओ-हया
    ना दिया 120

88. जिसको हम एक सदी कहते हैं, वक़्त
    झपका के पलक जाता है.........121

89. इश्क़ में लब से निकलती हर सदा, गूंजने
    ताजमहल जाती है 122

90. जहाँ पे आब है, शोलों का भी ठिकाना है.........123

91. धुँध हट जाती है तब ही तो फलक
    दिखता है.........125

92. साहिल से लिपट कर नदी सैलाब हो गई.........126

93. आईना हमको सुखनवर सा नज़र आता है........127

94. दर्द दिल में यों तमक कर आए.....................128

95. भ्रमर के इश्क़ में गुलाब लाल लाल रहे............130

96. सूखे दरिया भी महफ़िलों में यहाँ, तन पे
सैलाब ओढ़ कर आए 131

97. दिखलाओ वो दुनिया जो कि औरत
के नाम है.....................133

98. मौजूद रहे तुम मगर महसूस ना हुए.............134

99. तेरे हाथों में हिना जँचती है.........................135

100. सुबह जब आँखें खुलीं, धूल के गुबार मिले.......136

101. ग़म ये हाजी बने क़तार में हैं.....................137

102. जबाँ पे मुल्क पर ज़ेहन में ख़ानदान रहा........138

103. तिशनगी में भी ज्वार आते हैं 140

104. आग फैली वोही शहर में थी.....................141

105. मैं रुबाई सा लिखा जाता हूँ.....................142

106. दरख़्त एक मगर उस पे दास्तान कई.............143

107. उड़ान जिसने भरी, आसमाँ उसी का हुआ.........144

प्रस्तावना

कल तलक था जो दिल-नशीनों का
आज वो दौर है मशीनों का

पत्थरों से बने शहर में बशर
हश्र ना पूछ आबगीनों का

इसमें कोई शक नहीं कि आज का युग मशीनों का युग है। इस दौर में कामयाबी के मायने जुदा हैं। कामयाब वो है जो अहल-ए-ज़र है, साहिब-ए-मसनद है। जिसका दिल भले वीरान हो लेकिन चेहरा कागज के फूलों से गुलज़ार है। तारीकियों में डूबे हुए हर शख़्स की मजबूरी है मसनुई रोशनी से जगमगाना। आजकल ख़्वाब देखे नहीं जाते बल्कि ख़रीदे जाते हैं। ख़्वाब जगाये नहीं जाते बल्कि बेचे जाते हैं। शक्ल चाहे सियासत की हो, जम्हूरियत की हो या दीन ओ मज़हब की हो, किरदार तिजारत का निभाती है।

इसलिए कोई बड़ी बात नहीं कि आज के अख़बार ख़ुदकुशियों की खबर से भरे पड़े हैं। मशीनें बतायें कि जवान लोग भी क्यों ख़ुदकुशी करने पे मजबूर हैं। लेकिन मशीनों की अपनी हद है। ये ज़िन्दगी को साँस और धड़कनों की पैमाईश के परे नहीं देख सकती हैं। शायरी वो अनहद वसीला हो सकती

है जो शिकस्ता दिलों को, टूटे हुए हौसलों को फ़क़त चंद अल्फ़ाज़ों के ज़रिए दुरुस्त कर सकती है। मशीनी दौर मौतें रोक सकता है पर ख़ुदकुशियाँ नहीं। शायरी के पास वो रूहानी पुकार है जो फाँसी के फंदों को बेरोज़गार कर सकती है। चंद अश'आर बतौर बानगी पेश हैं।

ज़िन्दगी तोहफ़ा ख़ुदा का है, जमाने का नहीं
इस को तो हर रोज़ का त्योहार होना चाहिए

ख़्वाब बस देखा नहीं जाए, तराशा जाए भी
नींद में इन आँखों को कुम्हार होना चाहिए

———

आप जैसे भी हैं, क़बूल हमें
सब बशर पारसा नहीं होते

मौत होती है अगर ख़ुशियों की
ग़म भी तो ज़ावेदाँ नहीं होते

———

ज़लज़ले छोड़ के जाते हैं सदा
बीज तामीर के तबाही में

ज़िन्दगी जब सवाल लाती है
उसका दे के हमें हल जाती है

इससे पहले कि एक चिराग़ बुझे
लौ किसी और की जल जाती है

शायरी के पास वो सरमाया है जो रूह को सुकून ओ सुरूर
पेश कर सकता है।

शुभ चिंतन
December, 2022

1

जमाने तेरी दस्तानों के गुच्छे

भरम मेरा टूटा आहिस्ते आहिस्ते
नहीं आदमी, तुम भी निकले फ़रिश्ते

कभी झोंपड़ी में बसर थी हमारी
ज़ुबानों पे थे आसमानों के क़िस्से

ग़ज़ल इक शजर, उस की हर डाल पे हैं
जमाने तेरी दास्तानों के गुच्छे

ये दुनिया मदरसा थी, जिसमें पढ़ाई
से ज़्यादा बँटे इम्तिहानों के पर्चे

बहुत पास हूँ मैं तुम्हारे बदन के
बहुत दूर हूँ पर तुम्हारी नज़र से

चरागाँ भी मेरे पे क़ुरबान हो गये
तो मैंने भी वो चाँद सूरज से बरते

⸺◦∞◦⸺

2

भँवरा कोई कली को गया चूम दिखे है

जिस पे नज़र पड़े वो ही महरूम दिखे है
दाता तेरी मज़ार पे हुजूम दिखे है

वो पा के सर-ए-राह मुझे फेरता नज़र
हालात मेरे बद उसे मालूम दिखे है

ख़ुशबू से सराबोर है इस बाग की फ़ज़ाँ
भँवरा कोई कली को गया चूम दिखे है

इंसानियत, ज़मीर, मोहब्बत या मुरव्वत
हर शख़्स में कुछ कुछ यहाँ मरहूम दिखे है

इस शहर में ज़बानों पे सुकूत-ए-मर्ग पर
सीने में झांक लो तो तलातूम दिखे है

आज आईने में खुद का जो दीदार हुआ तो
पहिया उम्र का काफ़ी गया घूम दिखे है

तलातुम = तूफान ; सुकूत-ए-मर्ग = मौत का सन्नाटा

3

हम तुम से मिले हैं या अजनबी से मिले हैं

ना चश्म में शिकवे हैं, ना होंठों पे गिले हैं
हम तुम से मिले हैं या अजनबी से मिले हैं

वीरान रास्ते पे एक शजर से लिपट कर
ऐसा लगा हमें कि आदमी से मिले हैं

होकर कब्र-नशीन शहंशाह ने ये कहा
हम पहली बार अपनी सरजमीं से मिले हैं

उनकी भी जेहनियत के क़सीदे पढ़े गए
जिनको ये ऊँचे ओहदे पैरवी से मिले हैं

तलवों के आबले भी उसी ने हमें दिए
ना सिर्फ़ सर के ताज ज़िन्दगी से मिले हैं

बख्शे हैं जर-ज़मीन ने सुकून जिस्म को
पर रूह को सुरूर शायरी से मिले हैं

राधा को तो हासिल वो मोहब्बत से हो गए
मीरा को ना जो श्याम बन्दगी से मिले हैं

4

तोता क़फ़स-नशीन बे-ज़ुबान नहीं है

होगा ग़ुलाम पर ये राजदान नहीं है
तोता क़फ़स-नशीन बे-ज़ुबान नहीं है

अहले चमन कहा जिन्हें इक़बाल आपने
उन बुलबुलों का कोई गुलिस्तान नहीं है

हैं सैकड़ों ज़मीर बेचने के मुंतज़िर
बाज़ार में ख़ाली कोई दुकान नहीं है

हमने सुना कि धूप ने दरख़्त से कहा
मैं धूप नहीं तो तू सायबान नहीं है

दिल पे लिखी इबारतों को क्या वो पढ़ेगा
वो हम-नशीन इनका तर्जुमान नहीं है

❖

5

हर अहद में निज़ाम हवाओं के साथ थे

गुजरी है ज़िन्दगी फ़क़त औरों के वास्ते
किस दौर में हम अपने शरीक-ए-हयात थे

तारीख़ में ये दर्ज चिराग़ों ने किया है
हर अहद में निज़ाम हवाओं के साथ थे

डूबी हुई कश्ती को बताया नहीं मैंने
साहिल उदास थे ना समंदर उदास थे

जब तक थे मेरे लब पे वो पानी लगे मुझे
तेरे लबों पे शेर हमारे शराब थे

तुम छोड़ के गए थे जो यादों के बुलबुले
फूटे नहीं तमाम उम्र, वो सबात थे

क्या बज़्म थी, दिलों में सभी के सवाल थे
लेकिन जबाँ पे हर किसी की एहतियात थे

ना वो शफ़्फ़ाफ थे, ना आईने शफ़्फ़ाफ थे
ऐलान कर दिया गया वो पाक साफ़ थे

❦

सबात = साबुत ; शफ़्फ़ाफ़ = पारदर्शी

6

ज़िन्दगी कुहू कुहू करे है, सुन भी लीजे दोस्तों

बुझ चुकी है जो, फरोजाँ वो शमा हो जाएगी
रक़्स कर परवाने, उल्फ़त फिर जवाँ हो जाएगी

ज़िन्दगी कुहू कुहू करे है, सुन भी लीजे दोस्तों
एक दिन वरना ये कोयल बे-सदा हो जाएगी

है मिरी हस्ती इरम औ तू मोहब्बत हूर है
हूर ना होगी तो जन्नत राएगाँ हो जाएगी

तुम थे ला-हासिल तो जो ख्वाहिश समंदर सी रही
ना पता था पा के तुमको, बुलबुला हो जाएगी

रूह ग़र तेरा मुकाँ है तो मोहब्बत होगी तू
जिस्म तक महदूद रही तो वासना हो जाएगी

मौजें उड़ेंगीं, मसर्रत की, समंदर में तभी
जब किनारों से कोई कश्ती रवाँ हो जाएगी

है बहुत मग़रूर उसको ना तनिक अन्दाज़ है
हस्ती-ए-फ़ौलाद पल भर में धुआँ हो जाएगी

<hr>

7

यहाँ की बुलबुलों के दिल में खुद सय्याद रहता है

जबाँ पर हर घड़ी उनकी लफ़्ज़ इरशाद रहता है
यहाँ की बुलबुलों के दिल में खुद सय्याद रहता है

सलाख़ें बोलती हैं हर रिहा होते परिंदे से
चलो देखेंगे कितने वक्त तू आज़ाद रहता है

मेरे टूटे हुए पत्तों पे पंछी गौर मत करना
मेरी शाख़ों का हर इक घोंसला आबाद रहता है

मुझे वीरान राहों पे सफ़र का शौक़ इस-कर है
दरख़्तों को, वहाँ के, मेरा चेहरा याद रहता है

यतीमों के शहर में जुर्म हर उस शख़्स का तय हो
जो अपनी चारदीवारी में बे-औलाद रहता है

━◦◦◦◦━

8

लब दिए जब पत्थरों को, जुम्बिशें होने लगीं

सीख आए थे हुनर बुतकारी का हम भी नया
लब दिए जब पत्थरों को, जुम्बिशें होने लगीं

सुन के मेरी शायरी एक देवदासी ने कहा
फिर से पैदा उसके मन में ख्वाहिशें होने लगीं

कैफ़ियत भर पूछ बैठा था मैं बस यूँ ही, मगर
उसके सहरा चश्म में तो बारिशें होने लगीं

नाम हमने रेत के काशाने का शीशा रखा
संगसारी की शुरू आज़माइशें होने लगीं

रस्म सज्दों की इबादतगाह में ज्योंही निभीं
रूबरू अल्लाह के फ़रमाइशें होने लगीं

9

हमाम-ए-दिल में भी जज़्बात बा-लिबास रहे

हमाम-ए-दिल में भी जज़्बात बा-लिबास रहे
वो मेरी बाहों में हो के भी बा-हवास रहे

मेरे वजूद पे था इख़्तियार कितनों का
रह-ए-हयात पे कई साये आसपास रहे

जो टूटी नींद तो वो अजनबी से लगते हैं
जो महवे ख़्वाब मेरे बन के रु-शनास रहे

जो मुझ से दूर हो के मेरे पास रहते थे
जब मिरे साथ हैं तो हम उन्हें तलाश रहे

मैं उनसे कैसे कहूँ जब वो चूमते हैं बदन
लगे फ़रिश्ते मेरी रूह को तराश रहे

10

मेरे चेहरे पे शिकन कोई नहीं, ये तो टूटा है आईना तुमसे

छोड़ो, क्या चाहना वफ़ा तुमसे
क़र्ज़ होते नहीं अदा तुमसे

मेरे चेहरे पे शिकन कोई नहीं
ये तो टूटा है आईना तुमसे

तख़्त-ए-ताऊस नहीं, हमने तो
तुम को माँगा था साहिबा तुमसे

एक फ़क़त वाकि'आ नहीं,हमको
चाहिए एक सिलसिला तुमसे

तुमने खोजा है जबाँ पे जिस को
मेरी आँखों ने कह दिया तुमसे

कोई चिलमन ना छुपा पाएगी
ये मिरा हाल-ए-हाज़िरा तुमसे

❧

11

सर की दस्तारों से पा-ए-हुक्मराँ गुलज़ार है

जिस में भी झांको तो मिलती फ़स्ल-ए-व्यवहार है
बस फ़क़त एक-आध दिल था जिसमें बसता प्यार है

कोई बतलाओ, तबस्सुम से पता कैसे चले
निभ रहा है जो, कोई रिश्ता है या व्यापार है

कश्ती कहती है ना उड़े जिस में कोई तूफ़ाँ कभी
वो समन्दर थोड़े ही है, वो दिल-ए-बेज़ार है

शम्स मेरी आँख में तुझको मिलेगा वो चिराग़
रात भर सोया नहीं और दिन में भी बेदार है

मेरा अंदाज़ा सही है ये कोई दरबार है
सर की दस्तारों से पा-ए-हुक्मराँ गुलज़ार है

━━◦◦◦━━

बेदार = जगी हुई

12

गज़ल की फ़रमाइशें जल्लाद ले के आ गए

बिक रही थी हाट में सस्ती बुलंदी हर जगह
पर हम ऊँचे भाव में बुनियाद ले के आ गये

इश्क़ के बाज़ार का सौदा बहुत महँगा पड़ा
चैन दे आए, दिल-ए-बर्बाद ले के आ गये

नफ़रतों के बाग की तामीर का ऐलान था
सब सियासतदान बीज ओ खाद ले के आ गए

गर्दिशों में भी मुझे सजना संवरना पड़ गया
क्या करूँ जब आईने फ़रियाद ले के आ गए

मुफ़्त में हमको मिली ना साँस जो थी आख़िरी
गज़ल की फ़रमाइशें जल्लाद ले के आ गए

13

हर ज़ख़्म, माँग कर कलम हमसे, करके सीने पे दस्तख़त गुजरा

पुर-अजिय्यत या पुर-तरब गुज़रा
तेरा एहसास रोज़ ओ शब गुज़रा

रूबरू मेरे भरी महफ़िल में
हर अदू मेरा बा-अदब गुज़रा

हर ज़ख़्म माँग कर कलम हमसे
करके सीने पे दस्तख़त गुज़रा

फूल अपना क़र्ज़ चुकाते हुए
बाँट कर दश्त में निकहत गुज़रा

आप मिल कर गये थे सुबहो ही
मुझको ऐसा लगे बरस गुज़रा

क्या बहारों का, क्या ख़िज़ाओं का
जो भी मौसम मिला, सरस गुजरा

मैंने जब भी कीं बंद आँखें तो
फिर से बीता हुआ अहद गुजरा

—◦—

14

ये बिन्त-ए-दर्द अभी उतनी सयानी ना थी

हुजूम-ए-लफ़्ज़ थे पर कोई कहानी ना थी
किसी समुद्र में दरिया सी रवानी ना थी

जहाँ ना बोलना था, बोल गई पीर मेरी
ये बिन्त-ए-दर्द अभी उतनी सयानी ना थी

पुराने दौर में ग़म रख़्त-ए-नुमाइश ना थे
पुराने दौर में ये अश्क़-फ़िशानी ना थी

ये मोहब्बत कभी सूरज के उजालों सी भी थी
एक था वक़्त ये सिर्फ़ रात की रानी ना थी

नक़ाब खूब बिके हैं गली मोहल्लों में
असल शबीह तो लोगों को दिखानी ना थी

दिलों में आशियाँ ता-उम्र रहा करते थे
घड़ी घड़ी की यहाँ नक़्ल-ए-मकानी ना थी

बिन्त-ए-दर्द = दर्द की बेटी ; नक़्ल-ए-मकानी = एक जगह से
दूसरी जगह घर बदलना

चंद कतरे तुम्हारे होते सर्फ़, मेरी तिशनालबी चली जाती

तख़्त तस्लीम ना किया, वरना
अपनी आवारगी चली जाती

चंद कतरे तुम्हारे होते सर्फ़
मेरी तिशनालबी चली जाती

मुश्त इस डर से ना खोली हमने
ये बची ख़ाक भी चली जाती

गौर से मुझको अगर सुनते तुम
रूह तक शायरी चली जाती

इसको लफ़्ज़ों से सजा देता तो
ग़ज़ल की सादगी चली जाती

क़ैद आग़ोश में किया तुमको
छोड़ते, ज़िन्द मेरी चली जाती

अश्कों पे बाँध बनाए हमने
वरना तुम में नमी चली जाती

❧

16

ख़्वाब मेरे तो मुझको जगाते रहे

दौर आते रहे, दौर जाते रहे
रेत पर हम काशाने बनाते रहे

हमको हासिल करो, बोल क़र ये सदा
ख़्वाब मेरे तो मुझको जगाते रहे

वो तो साये हमारे वहम के ही थे
मान कर प्रेत, हम थरथराते रहे

मेरी बिकने की मंशा कभी भी ना थी
लोग बढ़ बढ़ के बोली लगाते रहे

वो सभी बुत, तराशा था मैंने जिन्हें
मुझको आवाज़ देकर बुलाते रहे

कोई सामाँ ना था, ना दुकाँ थी मगर
शामियाने तो हम भी सजाते रहे

बीज मेरे थे, पर फ़स्ल मेरी ना थी
लुट गए फिर भी हम लहलहाते रहे

लोग रोए रिवाजन मेरी मौत पे
हम तो आज़ाद हो खिलखिलाते रहे

17

चूमता है जबीं को जब याराँ, आत्मा तक सुरूर जाता है

मस्लेहत ख़ौफ़ खा गई जिसका
उस डगर पे फ़ितूर जाता है

मिल गया उसको समंदर, जो फ़रद
हो किनारों से दूर जाता है

बन गया जब से साहिब-ए-मसनद
शेर हो जी-हूज़ूर जाता है

चूमता है जबीं को जब याराँ
आत्मा तक सुरूर जाता है

ना पशेमाँ हो, छोड़ कर दुनिया
कौन जन बेक़सूर जाता है

लाख फ़ौलाद का बना हो पर
टूट एक दिन ग़रूर जाता है

<hr>

मस्लेहत = समझदारी

18

मैं पस-ए-मर्ग भी हूँ आदमी ज़मीनों का

महफ़िल-ए-इश्क़ थी, हुजूम महजबीनों का
दयार-ए-संग में मजमा था आबगीनों का

तुम्हारे अश्क़ अंजुली में भर लिए मैंने
अमान कैसे करूँ अब मैं इन नगीनों का

वो चन्द लम्हे फ़क़त हमको बख्शते हैं मगर
हिसाब माँगते हैं हमसे कुछ महीनों का

मैं क्या सना करूँ समुद्र की गहराई की
पड़ा मिला मुझे मलबा जहाँ सफ़ीनों का

तमाम रात चाँदनी में नहाता है तू
ताज हमको हिसाब देना खूँ पसीनों का

ख़ुदा से कह दो, फलक पे नहीं रखूँगा कदम
मैं पस-ए-मर्ग भी हूँ आदमी ज़मीनों का

सना = तारीफ़ ; पस-ए-मर्ग = मौत के बाद

19

इश्क़ करती थी कातिला हमसे

हो के गुजरा था बारहा उसके
आंसुओं का इक क़ाफ़िला हमसे

रोज़-ए-महशर हमें बताया गया
इश्क़ करती थी कातिला हमसे

काविशों में यक़ीन था अपना
दुनिया चाहती थी मो'जिजा हमसे

गौर हमने नहीं किया, कुछ तो
कहना चाहता था आईना हमसे

बेख़ुदी ने जो इल्म बख़्शा था
आगही ने चुरा लिया हमसे

पूछती हैं बहार के मायने
जन्म से सूखी टहनियाँ हमसे

———◦———

आगही = चेतना ; रोज़-ए-महशर = क़यामत का दिन

20

जाते जाते मेरे कलेण्डर की, ख़्वाब तारीख़ बदल जाते हैं

ये सियासत है, खोटे सिक्के भी
इसके बाज़ार में चल जाते हैं

याँ अशरफ़ी की खनक सुनते ही
खून पानी में बदल जाते हैं

जिनका पौधों से वास्ता ना रहा
वो भी याँ तोड़ने फल जाते हैं

अपने चेहरे को यूँ सावन ना बना
लोग पानी से भी जल जाते हैं

छू ले ग़र दस्त-ए-हिनाई उनको
सख़्त पत्थर भी पिघल जाते हैं

तोड़ कर लोग दिल मोहब्बत में
देखने ताज महल जाते हैं

जाते जाते मेरे कलेण्डर की
ख़्वाब तारीख़ बदल जाते हैं

—◦o◦—

दस्त-ए-हिनाई = मेंहदी लगे हाथ

21

तुम्हारा दिल भी सनम कोई काँच का ना था

शख़्स कोई भी उस दयार में ऐसा ना था
चश्म में जिसकी नुमू कोई हादिसा ना था

तेरे चेहरे की उदासी को जो पिन्हाँ रखता
हमारे पास कोई ऐसा आईना ना था

ये रब्त टूट गया तब ये राज़ खुलता है
तुम्हारा दिल भी सनम कोई काँच का ना था

वो क़द्रदान था, शौहर था, खुदा था मेरा
मगर वो शख़्स कभी मेरा साथिया ना था

खला है तुमको इत्तिफ़ाक़ से मिलना लेकिन
हमारे पास कोई दूसरा जहाँ ना था

क़ज़ा ने हमको भी दो गज जमीन तो दे दी
मगर वहाँ से हमें दिखता आसमाँ ना था

वो फ़र्द साहिब-ए-मसनद ज़रूर था लेकिन
मगर वो फ़र्द कभी साहिब-ए-इमाँ ना था

22

फिर भी पाँचाली के दिल से ना जुआरी जाए

क्यों मरासिम पे चलाई सनम आरी जाए
बेहतर ये है कि हुई भूल सुधारी जाए

हार जाता है उसे दाँव लगाकर अर्जुन
फिर भी पाँचाली के दिल से ना जुआरी जाए

कम से कम इतनी वफ़ा दोस्त निभा के जाना
पीठ में नहीं, छुरी सीने में उतारी जाए

छोड़ के मुल्क मेरा कब के चले गए गोरे
फिर भी नीयत से ना लोगों की, ग़द्दारी जाए

हमने बख़्शी थी सियासत को शक्ल देवी की
ये शब ओ रोज़ मगर होती बाज़ारी जाए

जिस्म और रूह जहाँ मिलते, जुदा होते हैं
शब-ए-इमरोज उस सरहद पे गुज़ारी जाए

जानता हूँ कि तुझे प्रेम चाहिए लेकिन
मेरी फ़ितरत से निकल के ना पुजारी जाए

⸺⊶⊷⸺

23

अब्र छोड़ूँ तो मेरे दाग़ नुमू होते हैं

पस-ए-बादल ही तो सब चैन शुरू होते हैं
अब्र छोड़ूँ तो मेरे दाग़ नुमू होते हैं

मेरी आँखों में अंधेरों के लिए ताख नहीं
रोज़ इनमें नए आफ़ताब तुलू होते हैं

राह-ए-वीरानों से रगबत को बनाए रखना
नई दुनियाओं के इन पर ही वुजू होते हैं

साँस थमने से नहीं मौत का त'अल्लुक कोई
लोग मर जाते हैं जब ख़त्म जुनूँ होते है

मैं वो शीशा हूँ जो बस शक्ल दिखाता है नहीं
मुझमें बिगड़े हुए चेहरे भी रफ़ू होते हैं

24

मुझको ख़ातून के अश्कों में भिगोया जाए

है गुज़ारिश मुझे गंगा में ना धोया जाए
मुझको ख़ातून के अश्कों में भिगोया जाए

जुस्तजू थी तो तुम हर सिम्त नज़र आते थे
तुमको पाने को दोबारा, तुम्हें खोया जाए

बा-हक़ीक़त तो फिसल जाते हो मुट्ठी से मेरी
तुमको बा-ख़्वाब फिर आँखों में संजोया जाए

ये तबस्सुम तो असल शक्ल छुपा देती है
चल कहीं बैठ के कुछ देर को रोया जाए

नींव-ए-फ़ौलाद हूँ, गुम्बद मेरी दस्तार है तू
ख़्याल रखना कहीं बेकार ना लोहा जाए

⸻⊷◦⊶⸻

25

वो घर से लौट के गए, नक़ाब भूल गए

आख़िरश लोग पुराना हिसाब भूल गए
गुनाह याद रहे पर सवाब भूल गए

सवाल रोटियों के जब उठे तो मजलिस में
हुकुमसा रटा रटाया जवाब भूल गए

हम उन को देख के तफ़सील पेश करने लगे
वरक़ पे दर्ज अपना इंतिखाब भूल गए

कौन से चेहरे में उनको मैं अब तलाश करूँ
वो घर से लौट के गए, नक़ाब भूल गए

निगाह-ए-नाज़ तो भटकी थी रास्ता अपना
अहल-ए-मयकदे पीना शराब भूल गए

ख़्वाब इतराता रहा खुद पे पूरी रात मगर
हमारी नींद खुली हम वो ख़्वाब भूल गए

मुझे कराना पड़ाना अपना त'आरूफ उनसे
मेरी किताब के कीड़े किताब भूल गए

तखत-नशीन हुए, इंकलाब भूल गये
वो अंधेरों के लिए आफ़ताब भूल गए

26

अहल जमीं का आसमान तक नहीं आया

अहल जमीं का आसमान तक नहीं आया
जश्न-ए-तन रूह-ए-वीरान तक नहीं आया

हमारा दर्द भी शहनाज़ की हया सा था
असीर-ए-दिल रहा, ज़ुबान तक नहीं आया

वफ़ा जफ़ा का फ़ैसला तू कल पे छोड़ सनम
अभी ये इश्क़ इम्तिहान तक नहीं आया

हुजूम तख़्त पे उमड़ा हदों को तोड़ मगर
वो शहंशाह संग मसान तक नहीं आया

बहुत से लोग तो घर पर ही बिक गए अपने
ये वो सामान जो दुकान तक नहीं आया

मिरी ग़ज़ल अभी भी आईना नहीं है, तभी
निज़ाम-ए-दस्त गिरेबान तक नहीं आया

27

फ़राज़, ओट में, ले के जवाल आता है

बुलंदियों को ये एहसास लाज़िमी होगा
फ़राज़, ओट में, ले के जवाल आता है

हमारे ग़मगुसार हैं तो एहतियात रहे
हमारे अश्क़ में अक्सर उबाल आता है

किसी भी बादशाह को ख़ुदा बनाने का
मुसाहिबों को ये करना कमाल आता है

मैं जेर-ए-तख़्त जब ज़मीन खोदता हूँ तो
निकल के उसमें से कोई कंकाल आता है

निगह-ए-बुत से कभी आँख तो मिला क़ाज़ी
जुबाँ नहीं है पर करना सवाल आता है

28

हुक्मराँ की जेब में महसूल आना चाहिए

गुल के संग संग खार की मक़बूलियत है लाज़िमी
हर भ्रमर को ये समझ मामूल आना चाहिए

रोटियों की बात होगी बाद में पहले यहाँ
हुक्मराँ की जेब में महसूल आना चाहिए

है सियासत राई से पर्वत बनाने का हुनर
मस'अलों को देना तुमको तूल आना चाहिए

आज है बरसी हमारी, आज ख़ुशबू की तलब
कब्र पे, जाँ को, चढ़ाने फूल आना चाहिए

दिन क़यामत का है, सब मकतूल महवे आस हैं
आज कोई फ़ैसला माक़ूल आना चाहिए

महसूल = कर

29

मनसबों के लिए दस्तार बिछाया ना करो

मनसबों के लिए दस्तार बिछाया ना करो
ज़मीर बेचने बाज़ार में ज़ाया ना करो

ये इतना दर्द भी गुजरेगा गराँ सीने पे
है गुज़ारिश मिरी कि इसको सवाया ना करो

मस'अले हैं ये, गुफ़्तगू से सुलझ जाएँगे
हर एक बात पे तलवार उठाया ना करो

हमारे गाँव की पगडंडियों ने हमसे कहा
शाहराहें तो लो पर हमको पराया ना करो

बेहिसि का सनम मे'यार और क्या होगा
सर्द मौसम है, तुम एहसास निवाया ना करो

30

नहीं पता था तुम ख़ंजर वहीं छुपाए थे

लबों पे फूल देख के हम पास आए थे
नहीं पता था तुम ख़ंजर वहीं छुपाए थे

एक सूखी हुई नदी से कह दिया मैंने
कि हम तो पूरा समंदर वहीं छुपाए थे

जहाँ पे आपको साये मिले थे बिखरे हुए
बख्त ने धूप के मंजर वहीं छुपाए थे

वो कब्रगाह थी, मज़लूम दफ़न थे जिसमें
क़ज़ा ने कितने सिकंदर वहीं छुपाए थे

हैं जिस ज़मीन से उड़ीं बुलंद मीनारें
वक़्त ने ढेरों खंडहर वहीं छुपाए थे

31

नई डगर पे पुराने बाज़ार चलते हैं

तेरे दामन में भी कुछ पल गुज़ार चलते हैं
ज़िन्दगी नाम का पी के सिगार चलते हैं

हमारी आँख में आंसू नहीं मिलेंगे तुम्हें
हमारे साथ कई ग़म-ख़्वार चलते हैं

यहाँ पे काग़ज़ों का मोल नहीं है कोई
यहाँ पे सिर्फ़ जुबानी करार चलते हैं

नई डगर जो बना के गये थे उनको बता
अभी भी इस पे पुराने बाज़ार चलते हैं

कभी जुबान लरजती है, झपकती है पलक
मिरे बदन पे कई इख़्तियार चलते हैं

⸺⬦⸺

32

खुद का मुश्किल हो तो ग़ैरों का बसाया जाए

खुद का मुश्किल हो तो ग़ैरों का बसाया जाए
घर बनाने का हुनर ना किया ज़ाया जाए

जो अपने चेहरे के दाग़ों से नहीं हैं वाक़िफ़
रूबरू उनके कोई आईना लाया जाए

मुझको मंज़ूर है ग़र मेरा एहतराम ना हो
फूल एक भी नहीं कदमों में बिछाया जाए

हमको दिल में ना जगह दें तो कोई बात नहीं
नहीं हमको मगर महफ़िल में सजाया जाए

माफ़ कर देना ख़ुदा कुफ़्र जो इसको मानो
लाज़िम है तुम से भी अब परदा उठाया जाए

33

क़ज़ा से पहले हमें ज़िन्दगी तो दे मौला

कभी यक़ीन, कभी एहतिमाल करते हो
सुकून अपना तुम खुद ही हलाल करते हो

कदम बढ़ाए हैं सुन के ये तुम्हारी जानिब
कि आजकल कुछ आप कम सवाल करते हो

उन ख़तों को कभी पढ़ने की जहमतें तो उठा
जिन की बच्चों की तरह देखभाल करते हो

बतौर दाद वो मिसरा ये पढ़ गई कि तुम
ग़ज़ल सुना के गुलाबों को लाल करते हो

ख़ुदा, हबीब, अकारिब और दुनिया वालों
मेरा तो आप सभी इस्तेमाल करते हो

क़ज़ा से पहले हमें ज़िन्दगी तो दे मौला
शुरू जो ना हुआ क़िस्सा, म'आल करते हो

अकारिब=परिचित ; एहतिमाल = शक ; म'आल = अंत

34

शख़्सियत कोंपलों की रखते हो

साथ फ़ेहरिस्त गिलों की रखते हो
पर जुबाँ बुज़दिलों की रखते हो

शख़्स तन्हा-पसंद हो लेकिन
हर खबर क़ाफ़िलों की रखते हो

आप मुंसिफ़ हैं मुक़र्रर तो फिर
क्यों कलम क़ातिलों की रखते हो

अपनी खामोशियों के पत्थर से
नींव तुम फ़ासलों की रखते हो

एक समन्दर-परस्त बस्ती में
बात तुम साहिलों की रखते हो

इस बुलंदी का लो मज़ा, काहे
फ़िक्र तुम ज़लज़लों की रखते हो

हो मुकम्मल दरख़्त तुम, लेकिन
शख़्सियत कोंपलों की रखते हो

❧

35

मैं लिखूँगा इक ग़ज़ल, आप मौसीकी करना

किसी के घर को जलाकर के रोशनी करना
इतना ख़ुदगर्ज़ नहीं ख़ुद को तुम कभी करना

कौन आलाओं को आला सबक़ सिखाएगा
कि उनका फ़र्ज़ है मुफ़लिस की पैरवी करना

तुझको आगाह मैं करता हूँ नदी, सागर को
नहीं आता है अपनी आँख में नमी करना

अपने रिश्ते को तराना हमें बनाना है
मैं लिखूँगा इक ग़ज़ल, आप मौसीकी करना

बेवफ़ाई, सितम, जफ़ा, वफ़ा ओ वादा-शिकन
अब मिलोगे तो कोई बात दूसरी करना

हमको ग़मख़्वारी का ऐसा हुनर बख़्शना ख़ुदा
भूल जाएँ यहाँ पे लोग ख़ुदकुशी करना

⸻❧⸻

36

बेचते जिस्म हैं, ज़मीर नहीं

एक तवायफ़ ने कह दिया खुलकर
ये सियासत मेरा ख़मीर नहीं

हम हैं बाज़ार में ज़रूर मगर
बेचते जिस्म हैं, ज़मीर नहीं

माना चेहरा हमारा बदला है
आईने तू भी बेतगीर नहीं

ख़्वाब अक्सर उसी के आते हैं
अपने हाथों में जो लकीर नहीं

हम भी संजीदा हो चुके हैं अब
और तुम भी रहे शरीर नहीं

ज़िन्दगी मौज में गुज़ारी मगर
पेश कर पाए हम नज़ीर नहीं

हम सलाख़ों की हद से बाहर हैं
पर ना समझो कि हम असीर नहीं

उसको कैसे हबीब मानूँ मैं
मुझसे मिलने को जो अधीर नहीं

आजकल मठ भी एक तिजारत है
कोई मठाधीश अब फ़क़ीर नहीं

<hr>

बेतगीर = ना बदलने वाले

37

शहनाज़ इक, साजन में सखा ढूँढ रही थी

तन्हाई के मरज की शिफ़ा ढूँढ रही थी
शहनाज़ इक, साजन में सखा ढूँढ रही थी

अँधियार अपने दिल का मिटाने के वास्ते
महफ़िल में हमें कोई शमा ढूँढ रही थी

ठुकरा दिया था जिसको समंदर ने, वो नदी
दामाँ-ए-साहिलों में अमाँ ढूँढ रही थी

तुम रूबरू आए तो निगाहों ने ये कहा
कब से हमारी प्यास कुँआ ढूँढ रही थी

चित्तौड़ के क़िले में मेरे गाम ना थमे
व्याकुल निगाह मेरी धुआँ ढूँढ रही थी

कैसे कहूँ मैं एक फ़रोजाँ चिराग़ को
अगला शिकार तेज हवा ढूँढ रही थी

38

तनहा रहा मैं, मौज दीवारों की हो गई

सर्फ़-ए-नज़र किया जो समंदर ने तो नदी
सैलाब बनी और किनारों की हो गई

मातम मना रहे थे सभी कब्र-गाह में
हमसे वहाँ भी बात त्योहारों की हो गई

थे कल तलक आँखों में जिसकी चाँद सितारे
बेमौत मरी, चाँद सितारों की हो गई

मेरी थी सिर्फ़ जब तक तसव्वुर में थी ग़ज़ल
महफ़िल में सुनाई तो हज़ारों की हो गई

ज्यों ज्यों बड़ा हुआ मेरा मकाँ तो क्या हुआ
तनहा रहा मैं, मौज दीवारों की हो गई

बाबुल ने विदा की थी जम्हूरियत तेरी डोली
तू बीच रास्ते में कहारों की गई

सर्फ़-ए-नज़र = नज़र-अंदाज़ करना

39

रावण भी अंजुमन में राम राम किया है

ढलते हुए सूरज का एहतराम किया है
जो तख़्त से उतरे, उन्हें सलाम किया है

वो राह में मिला तो अजनबी सा लगे था
जो शख़्स कभी घर मेरे क़याम किया है

मुबहम है इश्क़ आपका, अन्दाज़ ना लगे
शैदाई किया है या बस ग़ुलाम किया है

हमको किया था जिसने संगसार, उसी ने
फूलों का, जनाज़े पे, इंतज़ाम किया है

छीना गया इलाक़ा हमारे वजूद का
तनहाइयों ने फिर हमारे नाम किया है

देना नहीं ज़ुबाँ को कोई ख़ास अहमियत
रावण भी अंजुमन में राम राम किया है

———◦———

मुबहम = धुंधला

40

हैं आप एक मल्लिका, बस ख़्वाब देखिए

होता हुआ कली को एक गुलाब देखिए
आसमान में तुलू-ए-आफ़ताब देखिए

ताबीर उसकी करना गुलामों का काम है
हैं आप एक मल्लिका, बस ख़्वाब देखिए

मैक़द में जाएँगे तो नज़र आएँगे चेहरे
दैर ओ हरम में तो फ़क़त नक़ाब देखिए

करने लगें गुमान ग़र पैदा जो समन्दर
तो उनमें फूटते हुए हबाब देखिए

पाया है हमको आपने अब तक बस मुंतज़िर
इस बार मिलें तो हमें बेताब देखिए

बोसे में अपनी कुछ तो हरारत सी लाइए
सूखी नदी में फिर उठा सैलाब देखिए

———◦∞◦———

तुलू-ए-आफ़ताब = सूर्योदय

41

बग़ैर शुबहा त'अल्लुक नहीं जवाँ होते

बग़ैर शुबहा त'अल्लुक नहीं जवाँ होते
हम और आप बस काग़ज़ पे आश्ना होते

राह-ए-वीरान अगर इश्तिहार करती तो
उसके दामन में भी हर रोज कारवाँ होते

मैं शिर्क़ होता यक़ीकन उस गुफ़्तगू में वहाँ
आप भी उसमें अगर एक मुद्द'आ होते

ये तो अच्छा हुआ वो चूम गए माथे को
वरना ये दर्द बदन के कई गुना होते

हम तो हर हाल में एक शख़्स कामराँ होते
नहीं मिलती अगर मंज़िल तो रहनुमा होते

⦿

42

दर्द तू भी भुला गया हमको

असली दुनिया दिखा गया हमको
चाक दिल सब सिखा गया हमको

मेरे बचपन के घर का दरवाज़ा
देख कर सकपका गया हमको

राह दिखलाई थी कभी जिसको
रास्ते से हटा गया हमको

थे जुदा मेरे और तेरे मुकाँ
पर सफ़र बाँधता गया हमको

मुझको पढ़ने की चाह ना थी तेरी
छोड़ काहे खुला गया हमको

वक्त ने ज़ख़्म भर दिए सारे
दर्द तू भी भुला गया हमको

उसको दिल से निकालना था हमें
इसलिए कर ख़ुदा गया हमको

43

ज़िन्दगी ना हो तो हस्ती-ए-क़ज़ा कोई नहीं

पहली महफ़िल है ये कि हमसे ख़फ़ा कोई नहीं
हमको अपने इस जनाज़े से गिला कोई नहीं

ज़िन्दगी जिसको गुनाह-ए-अज़ीम माना मैंने
बोला अल्लाह कि जा तेरी सजा कोई नहीं

तेरे हाथों ने छुआ था तो ही वो ठीक हुआ
वरना मिरे ज़ख़्म तक पहुँची तो दवा कोई नहीं

जो खिलेगा वही गुल तो कभी मुरझाएगा
ज़िन्दगी ना हो तो हस्ती-ए-क़ज़ा कोई नहीं

हमने देखी हैं इस दुनिया में हज़ारों दुनिया
फिर भी कहता है इमा, दूजा ख़ुदा कोई नहीं

44

वस्ल तमाम हुए, अब फ़िराक़ बाक़ी है

अभी भी अपने मरासिम में साँस बाक़ी है
अभी भी मुश्त में थोड़ी सी ख़ाक बाक़ी है

सफ़ेद रंग मोहब्बत का देखना है अभी
वस्ल तमाम हुए, अब फ़िराक़ बाक़ी है

जनाज़ा ग़म का रवाँ हो गया है चौखट से
ख़ुशी तुम्हारी अब आना बारात बाक़ी है

तू अपनी भूख बढ़ाने की क़वायद कर ले
हमारे पास इश्क़ की ख़ुराक बाक़ी है

अदू की हो गई बारूद तो तमाम मगर
अभी भी उसका अज़्म-ए-नापाक बाक़ी है

अभी उम्मीद-ए-मुलाक़ात ना मिटी है पूरी
इरादे ख़त्म मगर इत्तिफ़ाक़ बाक़ी है

⸻◦⸻

45

मुस्तक़िल, आँखों में मेरी चिराग़ जलता रहा

शिकस्त कर गईं क़बूल हवाएँ भी जब
मुस्तक़िल, आँखों में मेरी चिराग़ जलता रहा

था वादा मुफ़लिसों की ज़िन्दगी बदलने का
वो शहंशाह खुद के पैरहन बदलता रहा

यक़ीन उसको अपने बाजुओं पे था फिर भी
वो जंग जीतने को गोटियाँ भी चलता रहा

शिकन-ए-इश्क़ कभी ज़ाहिरा हुआ ही नहीं
वफ़ा का आईना दोनों को रोज़ छलता रहा

उस तरफ़ से कोई बारात बढ़ रही थी यहाँ
इस तरफ़ से भी जनाज़ा कोई निकलता रहा

मैं जिस को आसमाँ पे देख के मचलता रहा
वो चाँद मुश्त में आया तो बस फिसलता रहा

46

वो मुन्तज़िर ज़रूर थे पर बे-सबर नहीं

शमसीर तेरे पास है, हम पे सिपर नहीं
मौक़ा है बेहतरीन, क़त्ल से मुकर नहीं

है नागुज़ीर अब तो इताअत ज़मीर की
छोड़ी है उसने कोई भी राह-ए-मफ़र नहीं

तफ़सील यार अपनी समा'अत को बख़्श तू
दो चार लफ़्ज़-ए-गुफ़्तगू ये मुख़्तसर नहीं

यूँ तो हज़ार लोग दुआएँ हमें दिए
जो माँ की दुआ में था, किसी में असर नहीं

मस्तक के ताज से मेरे वो ही थे हासिदान
वो पाँव के छालों से मेरे बेख़बर नहीं

हमने इश्क़ के शम्स को ढलते हुए देखा
वो मुन्तज़िर ज़रूर थे पर बे-सबर नहीं

ना-हासिली मंज़िल की फ़क़त ख़्वाब बुरा है
बाक़ी है अभी रास्ता, बीती उमर नहीं

उस राह पे चल के मुझे मंज़िल ना चाहिए
जिस राह पे बाक़ी कोई बूढ़ा शजर नहीं

━⟡━

सिपर = ढाल ; नागुज़ीर = ज़रूरी ; जिससे बचा ना जा सके ;
इताअत = हुकुम मानना

47

आप क़ुरबत में भी हर वक़्त जुदा हैं हमसे

पूरी दुनिया में नहीं अहल-ए-वफ़ा हैं हम से
फिर भी जाने क्यों सभी लोग ख़फ़ा हैं हम से

सीख आया हूँ मैं हर दिल की इबारत पढ़ना
सोचते क्या हैं बशर, बोलते क्या हैं हमसे

फ़ासलों के लिए हिजरत की ज़रूरत क्या है
आप क़ुरबत में भी हर वक़्त जुदा हैं हमसे

हमको देते हैं सदा आपके सब ज़ख़्म-ए-जिगर
किसलिए आप उन्हें रखते छुपा हैं हमसे

आज तू हमको किसी याद में कोना भी न दे
कल ये कहता था तेरे तीनों जहाँ हैं हमसे

———◦———

48

हिज्र देखा क़ज़ा में दुनिया ने, पीर ने उसमें भी वस्ल देखा

उनकी मंशा-ए-गुफ़्तगू ही ना थी
हमने मौजू बदल बदल देखा

हम पे चाबुक चला रहा था जो
खुद उसे सर-ए-अस्तबल देखा

जब इक फ़ौजी का जनाज़ा निकला
हमने पाषाण भी तरल देखा

एक बंजर ज़मीन पर हमने
ख़्वाब में, चलता हुआ हल देखा

चंद लम्हों में चश्म से खिसका
रेत पर जब कभी महल देखा

हिज्र देखा क़ज़ा में दुनिया ने
पीर ने उसमें भी वस्ल देखा

रात में ख़्वाब जो हुआ था जवाँ
दिन में होता हुआ क़त्ल देखा

साँस में, धड़कनों में, हर शय में
हमने हुक्काम का दख़ल देखा

49

जाने कब कौन सा चेहरा नक़ाब हो जाए

दर्द तेरा ये अगर बेहिज़ाब हो जाए
तो मिरी चश्म-ए-सहरा सैलाब हो जाए

रूह को भी सलाम पेश किए जाते रहें
जिस्म का जाने ख़त्म कब रु'आब हो जाए

इन बड़े लोगों की महफ़िल में बड़ी गफ़लत है
जाने कब कौन सा चेहरा नक़ाब हो जाए

अभी आती है कबूतर सी नज़र जो दुनिया
वक्त आए मिरा बुरा, उक़ाब हो जाए

मैं जब तलक तुझको ना चाहूँ तो हक़ीक़त है तू
चाहने ग़र मैं लगूँ तो सराब हो जाए

उक़ाब = बाज

50

तुझको एहसासों की डल झील में ले चलते हैं

दिल शिकन मेरा किया, उसका कफ़्फ़ारा कर ले
चंद लम्हों के लिए हम को गवारा कर ले

जंग ने मौत कई बार दी शहंशाह तुझे
ज़िन्दगी चाहिए तो इश्क़ दोबारा कर ले

दूर जाती है किनारे से तू कश्ती लेकिन
कल कहीं तुझ से समंदर ना किनारा कर ले

तुझको एहसासों की डल झील में ले चलते हैं
पास आकर मेरे दामन को शिकारा कर ले

घुल चुके हो मेरी साँसों में तुम ख़ुशबू की तरह
और कहते हो कि बिन मेरे गुज़ारा कर ले

कफ़्फ़ारा = प्रायश्चित

51

वसवसा ये कि कहीं मौत भी आराम ना हो

जिस्म बाँहों में हो पर आँख में पैग़ाम ना हो
कभी उन ख़ाली लिफ़ाफ़ों पे मेरा नाम ना हो

ये घड़ी क्या कभी वो सा'अतें भी लाएगी
आपके लब तो खुलें पर कोई इल्ज़ाम ना हो

इस शहर में मिलेंगी वो इमारतें अक्सर
चेहरा मंदिर सा मगर दिल में कोई राम ना हो

संग तेशा ले दफ़न होने की मज़दूर की ज़िद
वसवसा ये कि कहीं मौत भी आराम ना हो

गौर से परखो सियासत का दिया गुलदस्ता
ये कहीं दंड ना हो, साम ना हो, दाम ना हो

ज़िन्दगी ख़ाक पे इक नक़्श-ए-रुबाई सी है
हो नहीं सकता कि मौजू कहीं ख़य्याम ना हो

इश्क़ वो इश्क़ अधूरा ही कहा जाएगा
नाज़ कूचे से गुजर जाए पर इलहाम ना हो

52

जब से खोया तुम्हें, तुम सा नहीं पाया मैंने

रेत में सोने का सिक्का नहीं पाया मैंने
जब से खोया तुम्हें, तुम सा नहीं पाया मैंने

पैकर-ए-जिस्म के भीतर कुछ रूहानी भी है
सिर्फ़ एक ख़ाली-लिफ़ाफ़ा नहीं पाया मैंने

आज माहौल यहाँ अजनबी सा लगता है
आज कोई भी ख़फ़ा सा नहीं पाया मैंने

आप हरदम मुझे असरार भरे दिखते हो
आप में आप का खाका नहीं पाया मैंने

या तो महबूब हो तुम या फिर ख़ुदा ही होंगे
तुम में कुछ भी तो गुमाँ सा नहीं पाया मैंने

मेरी तकलीफ़ में ये बोल वचन रहने दे
आँख में तेरी दिलासा नहीं पाया मैंने

जाम-ए-जीस्त हमें दूसरा देना कुदरत
इस पैमाने में नशा सा नहीं पाया मैंने

53

फ़ैसलों में भी काश ज़िक्र-ए-हाशिया होता

ग़र मैं अपना ये फ़क़त सर झुका दिया होता
तो शहंशाह मेरा ओहदा बढ़ा दिया होता

कर के आज़ाद तुम्हें अपना हम बनाये रहे
मुश्त में ग़र जो जकड़ते, गँवा दिया होता

बारहा दर्द को मेरा ही दिल दिखाते हो
इनको इस बार नया घर दिला दिया होता

वायदों में हज़ार बार वो आया लेकिन
फ़ैसलों में भी काश ज़िक्र-ए-हाशिया होता

उसने कटने नहीं दिया कोई शजर अपना
वरना उस राह-गुजर पे भी क़ाफ़िला होता

54

आईने टूटें तो चेहरे नहीं टूटा करते

नहीं बिखरे हुए शीशों को समेटा करते
आईने टूटें तो चेहरे नहीं टूटा करते

एक लम्हे के लिए ही सही, मिल जाओ तुम
उम्र गुजरी है मेरी, तेरी तमन्ना करते

जीत का सेहरा मेरे सर पे बँधा है बेशक
मैं शिकस्ता हुआ औरों को शिकस्ता करते

राह-ए-गुलज़ार पे वीरान शबकदे की व्यथा
जिसपे अब कोई मुसाफ़िर नहीं ठहरा करते

आ गया रूबरू, ज़मीर मेरा यक-लख़्ता
इससे पहले कि हम इस शक्ल पे परदा करते

आपका साथ फिसलती हुई इक रेत सा था
हम चाहतों का महल इस पे खड़ा क्या करते

यक-लख़्ता = अचानक

55

बदन-ए-हूर में मंदिर निकलते देखेंगे

क़फ़स को तोड़ के ता'इर निकलते देखेंगे
मेरे वजूद से शा'इर निकलते देखेंगे

न ये अन्दाज़ था कि ख़ुद को हम इन ख़्वाबों में
हिसार-ए-जिस्म से बाहिर निकलते देखेंगे

क्या इस वीरान रह पे आप तभी आएँगे
यहाँ से दूजे मुसाफ़िर निकलते देखेंगे

नक़ाब हमने उठाने शुरू किए जिस दिन
हरम से सैकड़ों काफिर निकलते देखेंगे

अगर जो लोग निगाहों से गर्द दूर करें
बदन-ए-हूर में मंदिर निकलते देखेंगे

तुम्हारे शक से मैं वाक़िफ़ हूँ, तुम मिलोगे तो
तुम्हारी आँखों से मुखबिर निकलते देखेंगे

ता'इर = पंछी

56

नए फ़राज़ सदा ज़लज़लों से निकले हैं

शहर में खोया जिन्हें, जंगलों से निकले हैं
गुमशुदा दोस्त, पुराने ख़तों से निकले हैं

हर फलक-बोस इमारत ने ये कहा हमसे
नए फ़राज़ सदा ज़लज़लों से निकले हैं

हरम ओ दैर में जो फ़र्क़ नज़र आते हैं
वो असासा से नहीं, गुम्बदों से निकले हैं

फलक के चाँद, किफ़ायत गुमान में रखना
तुम्हारे जैसे कई इन छतों से निकले हैं

बताया हमने कई बार नाजनीना को
कि अक्स उसके, उसकी आहटों से निकले हैं

उमर तमाम हो गई, ये घड़ी कहती है
हमें लगा कि हम तो सा'अतों से निकले हैं

<hr>

असासा = बुनियाद

57

समन्दर आँख में पानी नहीं बना पाए

जो मोहब्बत में चश्मकें बयान करती हैं
हज़ार लफ़्ज़ वो मानी नहीं बना पाए

कश्ती तूफ़ान से लड़ कर गर्क हुई लेकिन
समुद्र आँख में पानी नहीं बना पाए

विसाल-ए-जिस्म कोई अहमियत नहीं रखते
अगर वो रब्त रूहानी नहीं बना पाए

गुजरते वक्त ने हर पल किए जतन लेकिन
तुम्हारी याद पुरानी नहीं बना जाए

वो सिर्फ़ औरों के किरदार बने रहते हैं
जो अपनी खुद की कहानी नहीं बना पाए

❦

58

दरख़्तों से शनासाई करेंगे

दरख़्तों से शनासाई करेंगे
वो मेरी तर्क-ए-तन्हाई करेंगे

बुलंदी की करो मत बात पहले
चलो बुनियाद अफजाई करेंगे

करो वादा, तेरी मुफ़लिस जबाँ की
तुम्हारे नैन भरपाई करेंगे

हम तुम में डूब जाने का अज़्म तो
तुम्हारी भाँप गहराई करेंगे

अभी जो इश्क़ फ़रमा के चुके हैं
वही कल आ के रुसवाई करेंगे

हमारे हाफ़िज़े में घुल चुके हो
ना जाने कैसे बिसराई करेंगे

अभी तुम देवता भर हो, तुम्हें हम
इश्क़ में अपना शैदाई करेंगे

<hr>

हाफिजा = याददाश्त

59

हम तो मिल के ख़ुदा से जाएँगे

जिस्म की सरहदों से बाहर हैं
दर्द ये ना दवा से जाएँगे

जब भी तनहाइयाँ पुकारेंगी
हम निकल कारवाँ से जाएँगे

भर लिया है मुक़ाम आँखों में
देखें रस्ते कहाँ से जाएँगे

लेकर चलना जनाज़ा मस्जिद से
हम तो मिल के ख़ुदा से जाएँगे

आज तो ख़ूब सज रहे हो तुम
आईने सकपका से जाएँगे

हम वफ़ा के हुनर का एक सबक़
सीख कर बेवफ़ा से जाएँगे

हम को देना ना चुनौती साजन
हम गुजर इंतिहा से जाएँगे

आप की बात का यक़ीन नहीं
जाने कब फिर जबाँ से जाएँगे

⸺◦∞◦⸺

60

एक दिन ख़ुद को हर मुर्ग़ा हलाल देखेगा

फ़राज़ पे है आज, कल जवाल देखेगा
एक दिन ख़ुद को हर मुर्ग़ा हलाल देखेगा

अभी तो सिर्फ़ एक पुतला बना है मिट्टी का
अभी जो असली है तू वो कमाल देखेगा

जम्हूरियत तुझे अन्दाज़ भी नहीं था कि
तुम्हारी परवरिश कोई दलाल देखेगा

जवाज-ए-रक़्स जनाजे में ये बताया गया
ज़माना इस में भी होता धमाल देखेगा

ज़मीर की अगर आँखें दो बनाई जाएँ
हर एक आदमी उन में सवाल देखेगा

शम्स चाहत का तिरी जब ढलान पर होगा
तू मेरी आँखों का आकाश लाल देखेगा

⟨⟩

61

हम अहले इश्क़ हैं, कोरा वरक़ भी पढ़ते हैं

जो दिखाई ना दे, हम वो हरफ़ भी पढ़ते हैं
हम अहले इश्क़ हैं, कोरा वरक़ भी पढ़ते हैं

अपने हालात छुपाने की क़वायद ना कर
हम अश्क़ और ओस में फ़रक भी पढ़ते हैं

यहाँ पे सिर्फ़ तख़्त छीनने वाले ही नहीं
यहाँ की दरसगाहों में भरत भी पढ़ते हैं

जबाँ के बोलों को सुनने के साथ साथ यहाँ
ख़्याल रखना कि कुछ लोग अँख भी पढ़ते हैं

जमीन आए जो सर-सब्ज नज़र तो उसकी
शान में लिख के क़सीदा फलक भी पढ़ते हैं

62

अक्स बन जाता है सदाओं से

लब से निकलें या फिर निगाहों से
दर्द पूछो इन गुजरगाहों से

शिद्दत-ए-ज़ख़्म की पैमाईश कभी
आप करना ना बस कराहों से

बुझने से पहले भड़क उट्ठी लौ
हो गया वस्ल जब हवाओं से

शायरों भूल कर भी ना लेना
तुम इना'मात शहँशाहों से

ताज़िरानों का रब्त क़ायम है
तख़्त से और ख़लीफ़ाओं से

इश्क़ तुझ को निकलना ही होगा
एक दिन जिस्म की पनाहों से

कोई अपना पुकारता है तो
अक्स बन जाता है सदाओं से

जब बहारें क़रीब पाओ तुम
माँग लेना हमें ख़िज़ाँओं से

—◦∞◦—

63

छोड़ के हमको नहीं दर्द निगोड़े जाते

कहते हैं आपसी रिश्ते नहीं तोड़े जाते
छोड़ के हमको नहीं दर्द निगोड़े जाते

तुम इस खिलकत में कहीं ओट ना वो पाओगे
जहाँ मेरे ये नहीं नैन कटोरे जाते

किसी तूफ़ाँ ओ तलातुम से सहम कर हमसे
कभी थामे हुए दामन नहीं छोड़े जाते

सीधी राहों पे भरोसा है मुकम्मल अपना
मंज़िलों के लिए रस्ते नहीं मोड़े जाते

चंद कतरों के सिवा कुछ नहीं हासिल होता
ग़र समंदर किसी छलनी में निचोड़े जाते

64

ये इश्क़ रोज़ नई इंतिहा बनाएगा

लब पे रोकोगे तो आँखों से निकल जाएगा
दर्द दरिया है, नया रास्ता बनाएगा

आज तो हमको जो सज्दे नहीं करने देता
कल वो बाज़ार हमीं को ख़ुदा बनाएगा

एक दिन इस कदर शफ़्फ़ाफ बनेंगे हम कि
ये ज़माना हमें एक आईना बनाएगा

ये जंग सिर्फ़ एक इंतिहा पे पहुँचेगी
ये इश्क़ रोज़ नई इंतिहा बनाएगा

निज़ाम आज क़सीदा जो पढ़ रहा है तेरा
वो ही निज़ाम तेरा फ़ातिहा बनाएगा

नए चिराग़ की तामीर जहाँ पर होगी
वहीं पे वक्त नई आंधियाँ बनाएगा

मेरे हबीब, दे जबाँ, मेरे अंधेरों में
तू अपनी आँखों को जलता दीया बनाएगा

65

जमीन से जुड़ा ही आसमाँ पे पहुँचेगा

सफ़र ज़मीर का ऊँचे मुक़ाँ पे पहुँचेगा
जमीन से जुड़ा ही आसमाँ पे पहुँचेगा

गरीब शख़्स की फ़रियाद कबूतर लेकर
एक उमर में तो नहीं लाट सा पे पहुँचेगा

ना पता था कि आशिकों की तरह छुप छुप कर
हमारा दर्द तुम्हारी जबाँ पे पहुँचेगा

सूनी राहों पे भी ग़र रहनुमा नज़र आए
क़ाफ़िला दौड़ते हुए वहाँ पे पहुँचेगा

गुबार उठता हुआ जिसको दिखाई देगा
वो मुसाफ़िर ही किसी कारवाँ पे पहुँचेगा

⸺⸱⸺

66

तुम तो किरदार हो, मंजर से चले जाओगे

फ़ासलों की हर एक ज़िद नहीं मानी जाए
कोई भी याद मिटाई ना पुरानी जाए

आपको चेहरे को पढ़ना नहीं आता, हमको
अपनी तकलीफ़ बताई ना ज़ुबानी जाए

वो मेरे जिस्म से लिपटे एक लता होकर पर
छोड़ के रूह पे कोई पुख़्ता निशानी जाए

विडम्बना ये, नदी सूख तो जाती है मगर
उसके मन से नहीं एहसास-ए-रवानी जाए

तुम तो किरदार हो, मंजर से चले जाओगे
बोलो किस दश्त ओ सहरा में कहानी जाए

फूल ने शह से कह दिया कि भ्रमर बन जा तू
बादशाहों पे लुटाई ना जवानी जाए

67

चश्म-ए-बेदार में तुमको संजोया जाएगा

तेरी उम्मीद के टूटे हुए मनकों को सनम
नई माला में दोबारा पिरोया जाएगा

दरख़्त आज जिस ज़मीन से उखाड़ा गया
उसी जमीं पे बीज फिर से बोया जाएगा

तुम्हारे दर से निकलने का इंतज़ार है बस
हमारे आंसुओं से घर को धोया जाएगा

हासिल-ए-इश्क़ की जागी है तमन्ना फिर से
चैन हमसे पर दोबारा ना खोया जाएगा

नींद के संग संग ख़्वाब टूट मत जाना
चश्म-ए-बेदार में तुमको संजोया जाएगा

68

ख़ाक पे रब ने लिखी, तू वो इबारत ज़िन्दगी

ख़ाक पे रब ने लिखी, तू वो इबारत ज़िन्दगी
इससे ज़्यादा क्या करें तेरी वजाहत ज़िन्दगी

घर की चौखट पे तिलक फ़ौजी के माथे पे करे
रोक कर माँ, अपनी आँखों में तरावट, ज़िन्दगी

सर से लेकर पाँव तक शृंगार गोरी ने किया
छोड़ बैठा आईना अपनी शराफ़त, ज़िन्दगी

मंजिलों की जुस्तजू में कैफ़ जिसका ना लिया
दर हक़ीक़त तू रही है वो मसाफ़त ज़िन्दगी

हमने तेरे दुश्मनों से की रिफ़ाक़त ज़िन्दगी
हमने चकना चूर की तेरी नज़ाकत ज़िन्दगी

वजाहत = विवरण ; मसाफ़त = सफर ; रिफ़ाक़त = दोस्ती

69

फ़राज़-ए-इंस सदा हादिसों से निकला है

मुद्दतों बाद चाँद बादलों से निकला है
ज़मीर, कशमकश से, मुश्किलों से निकला है

मैंने रफ़ीक के क़ब्ज़े में जिसको देखा था
वही ख़ंजर तो मेरे क़ातिलों से निकला है

अजीब रब्त है तामीर और तबाही में
फ़राज़-ए-इंस सदा हादिसों से निकला है

हुकुम हिज्र का सुनाया था दो निज़ामों ने
मगर फ़रमान वस्ल का दिलों से निकला है

कोई पड़ाव कभी आख़िरी नहीं होता
रास्ता एक नया मंज़िलों से निकला है

एक दरिया जो समन्दर में मिल गया जाकर
एक दरिया जो चश्म-ए-साहिलों से निकला है

70

ये बड़े लोगों की दुनिया है, मुफ़लिसों की नहीं

सद पे तस्वीर मुकाँ की है काविशों की नहीं
पूछ हासिल-ए-जीस्त की है, कोशिशों की नहीं

ख़ुदा से कर दिया बयान कल डरते डरते
ये बड़े लोगों की दुनिया है, मुफ़लिसों की नहीं

चल कहीं बैठ के खोलेंगे दिल की गाँठों को
उम्र अपनी ये सुलह की है, साज़िशों की नहीं

ज़र्द बुनियाद पे तामीर-ए-बुलंदी कब तक
किसी को फ़िक्र ज़रा सी भी हादिसों की नहीं

मता की होड़ में हर शख़्स शहसवार हुआ
किसी के हाथ में लगाम ख़्वाहिशों की नहीं

हमें वो शक्ल-ए-इंक़लाब देखनी है, जहाँ
लिपटी ख़ातून से ज़ंजीर बंदिशों की नहीं

71

हम बेसुरे लोगों में लता ढूँढ रहे हैं

हंगामों में कुहू कुहू की सदा ढूँढ रहे हैं
हम बेसुरे लोगों में लता ढूँढ रहे हैं

जिनसे कभी एक बीज भी बोया नहीं गया
वो लोग शजर फल से लदा ढूँढ रहे है

महफ़िल में मुझसे कर गई सवाल नाज़नीं
क्या आप भी मुझमें बस अदा ढूँढ रहे हैं

बाज़ार में कुनबा-ए-सियासत दिखा हमें
हम उनमें कोई जिस्म ढका ढूँढ रहे हैं

मीरा ने उसे प्रेम, की जग ने आराधना
हम कृष्ण कन्हैया में सखा ढूँढ रहे हैं

महबस में भी शादाब फूल से रहे हैं हम
वो बाग में भी ताजी हवा ढूँढ रहे हैं

जन्नत में हूर, इश्क़ और रानाई बहुत है
पर लोग यहाँ पे भी वफ़ा ढूँढ रहे हैं

पहले उन्होंने मेरी सजा तय करी और अब
चेहरे पे मेरे कोई ख़ता ढूँढ रहे हैं

72

दर पे आएँगे कई शहँशाह काँसा लेकर

पीर आया है ख़ुदा से वो असासा लेकर
दर पे आएँगे कई शहँशाह काँसा लेकर

अभी अभी तो फ़न दिखला के गया था मज़हब
आ गयी देखो सियासत भी तमाशा लेकर

हमनशीं तुझ से एक फ़रियाद करूँगा मैं ये
शाम को मिलना ज़रा चेहरा सगा सा लेकर

मैंने माँगा था एक महबूब मेरी क़िस्मत से
वो चली आई कोई शख़्स ख़ुदा सा लेकर

जो धनुष, बाण, गदाओं पे फ़ख़्र करते थे
राज दरबार में बैठे हैं क्यों पासा लेकर

दिल के जज़्बातों का चेहरे पे खुलासा लेकर
चल मिलें आज कुछ अन्दाज़ नया सा लेकर

73

ख़्वाब बस देखा नहीं जाए, तराशा जाए भी

डालियों से टूटते पत्तों की माफ़िक़ क्यों हैं ये
आपके आंसू को तो अंगार होना चाहिए

ज़िन्दगी का हक़ तुम्हें हासिल अगर करना है तो
हाथ को काँसा नहीं तलवार होना चाहिए

मेरे कदमों में, इरादों में है मज़बूती तो मैं
क्यों कहूँ कि रास्ता हमवार होना चाहिए

ज़िन्दगी तोहफ़ा ख़ुदा का है, जमाने का नहीं
इस को तो हर रोज़ का त्योहार होना चाहिए

दर्द हैं तैयार दस्तक देने को, ए दिल तुझे
कोई दरवाज़ा नहीं दीवार होना चाहिए

मंदिरों में, मस्जिदों में क्यों दिखा चेहरा तेरा
तुझ सियासत को सर-ए-बाज़ार होना चाहिए

ख़्वाब बस देखा नहीं जाए, तराशा जाए भी
नींद में इन आँखों को कुम्हार होना चाहिए

74

मुफ़लिसी में भी तुझसे सिर्फ़ प्यार माँगेंगे

ज़मीर बेच के दौलत बटोरने वाले
एक दिन हमसे ये पगड़ी उधार माँगेंगे

जो किसी रूह को छू कर चली आई हो कभी
जिस्म फ़ज़ाँ से वो ठंडी बयार मागेंगे

इश्क़ के दर्द हैं शातिर, ये इस बदन पर नहीं
ये सिर्फ़ दिल पे अपना इख़्तियार माँगेंगे

बादशाह जान ले, जो कर ख़ुदा नहीं सकता
लोग तो तुझसे वही चमत्कार माँगेंगे

जिनको तस्वीर देखना ही नहीं आता है
हमसे वो तख़्त-नशीं शाहकार माँगेंगे

मय पे ऐसी नशीली ग़ज़ल लिखेंगे हम
कि खुद शराब के प्याले खुमार माँगेंगे

मेरे हसीन तवंगर तू रख यक़ीन कि हम
मुफ़लिसी में भी तुझसे सिर्फ़ प्यार माँगेंगे

<hr>

तवंग़र = अमीर ; शाहकार = सर्वोत्तम चित्र

75

एक उम्दा बशर बनाना शायरी हमको

एक उम्दा बशर बनाना शायरी हमको
नए फ़राज़ पे ले जाना शायरी हमको

कली थे हम तो मगर फूल हुए काग़ज़ के
ज़मीन में से फिर उगाना शायरी हमको

आईनों ने तो सिर्फ़ शक्ल दिखाई है सदा
रूबरू रूह से कराना शायरी हमको

दिखा गई है गार-ए-तन्हाई में भी
कोई छुपा हुआ ख़ज़ाना शायरी हमको

सिखा गई पराई पीर से आहत होना
ग़ैर खुशियों में मुस्कुराना शायरी हमको

76

आप ने पैदा करी है पत्थरों में पीर क्या

ज़लज़लों के इस शहर में हम करें तामीर क्या
बादलों से हैं मरासिम, बांधेगी ज़ंजीर क्या

ये है क़ब्रिस्तान इसका एक ही दस्तूर है
क्या गदागर है यहाँ पे और आलमगीर क्या

सर दरख़्तों का कुल्हाड़ी जब लगी थी काटने
कह उठा एक फूल, हम भी थाम लें शमसीर क्या

मेरे भीतर भी है कोई आग सी जलती हुई
मैं दिखा दूँ आँधियों को अपना सीना चीर क्या

क्यों कहूँ मैं आप के इन हासिलों मोॱजिजा
आप ने पैदा करी है पत्थरों में पीर क्या

आप हमसे क्यों चुराने लग गए हैं नैन को
छोड़ बैठे हो हमारे क़त्ल को तुम तीर क्या

<hr>

मोॱजिजा = चमत्कार

77

मैं सिर्फ़ जिस्म लबादों में रख के चलता हूँ

मुक़ाम-ए-इंस इरादों में रख के चलता हूँ
मैं टूटे चेहरों को आँखों में रख के चलता हूँ

कदम बढ़ाता हूँ जब भी फलक के जानिब तो
ज़मीन को भी मैं यादों में रख के चलता हूँ

कभी भी रूह को अपनी नहीं ढका मैंने
मैं सिर्फ़ जिस्म लबादों में रख के चलता हूँ

जो सर पे चढ़ के, अमूमन, ही बोलता है सदा
मैं उस अना को जुराबों में रख के चलता हूँ

वज़ीर जिसको बयाँ करती है सारी दुनिया
मैं उसको वक्त के प्यादों में रख के चलता हूँ

78

दिल मल्लिका-ए-हिंद का गुलाम का हुआ

संघर्ष का ज़िक्र तो महज़ नाम का हुआ
तारीख़ में बयाँ तो बस मुक़ाम का हुआ

सुल्तान-ए-अज़ीम खड़े सफ़ में रह गए
दिल मल्लिका-ए-हिंद का गुलाम का हुआ

मैंने हृदय से मैल को जब दूर कर दिया
बोले प्रभु कि अब ये मेरे काम का हुआ

होता है जो अंजाम किसी रेत के घर का
वो ही लगे मुझ पर हर एक इल्ज़ाम का हुआ

मजलिस में थे मौजूद, सब लंका नरेश थे
मजबूरियाँ थीं, शोर राम राम का हुआ

सुन लोकतंत्र तू भी कब अवाम का हुआ
बाज़ार में बिका तू, दाम दाम का हुआ

79

ग़म भी तो ज़ावेदाँ नहीं होते

हमको हासिल मुक़ाँ नहीं होते
आप जो रहनुमा नहीं होते

अक्स में ख़ामियाँ दिखें तो कभी
आईनों पे ख़फ़ा नहीं होते

आप जैसे भी हैं, क़बूल हमें
सब बशर पारसा नहीं होते

मौत होती है अगर ख़ुशियों की
ग़म भी तो ज़ावेदाँ नहीं होते

ये मोहब्बत है, बस वफ़ा से तो
फ़र्ज़ इसके अदा नहीं होते

नित ना सैराओ तो मरासिम के
नए पौधे जवाँ नहीं होते

सारे शीशे नहीं बनेंगे दिल
सारे पत्थर ख़ुदा नहीं होते

रास्ते हो भी जाएँ तय तो कभी
मुकाम तयशुदा नहीं होते

———◦———

जावेदाँ = अमर

80

सिर्फ़ पूजा नहीं, मूरत को प्रेम भाता है

उसकी नज़रों में जो झांकू तो समझ आता है
सिर्फ़ पूजा नहीं, मूरत को प्रेम भाता है

किसी नदी को अगर सूखते हुए देखूँ
मेरी आँखों में क्यों सैलाब उमड़ आता है

मेरी नज़रों को तो आँचल सा समझता है फलक
किसी तिफ़्ल की तरह उन में आ समाता है

ये टूटे बर्ग़, खिले फूल, नशेमन ओ समर
ये एक दरख़्त कई दास्ताँ सुनाता है

क़ाफ़िलों मुझको तो पगडंडियों पे चलने दो
मेरा ज़मीर यही रास्ता दिखाता है

तिफ़्ल = बच्चा

81

गुल आशकार थे मगर ख़ंजर छुपा रहा

मजलिस में एक पल भी जो चर्चा में ना रहा
इस दौर-ए-हुकूमत में वो ही फ़ैसला रहा

मैंने ख़ुदा के सामने सिल ली जबाँ मेरी
कहता भी कैसे जन्म ये भी राएगाँ रहा

चेहरे पे सुर्खियों ने बनाया तब आशियाँ
जब आईने में देखना आदत में ना रहा

तूने कभी कलेजे में अपने नहीं झांका
मुझको ना दे इल्ज़ाम कि मैं गुमशुदा रहा

कश्ती ने हमारी लिखी जब तक ग़ज़ल पढ़ी
तूफ़ान ना उमड़ा, हर तलातुम थमा रहा

गुल आशकार थे मगर ख़ंजर छुपा रहा
दस्तूर जमाने का यही तो सदा रहा

राएगाँ = व्यर्थ ; आशकार = प्रकट

82

कृष्ण मीरा संग दो जहाँ में थे

प्रेम में भी, वो आस्था में थे
कृष्ण मीरा संग दो जहाँ में थे

रोशनी से सदा महरूम रहे
ऐसे तारे भी कहकशाँ में थे

धूप जब तक समझ में आई तू
सूर्य सब पश्चिमी दिशा में थे

मैं था तनहा मगर मेरे दर पर
कई इल्ज़ाम कारवाँ में थे

आज अपने से कुछ लगे तुम जब
हक़ के अन्दाज़ इल्तिजा में थे

आज ख़ामोश रह ना पायीं तुम
आज कुछ स्वर भी कोकिला में थे

दिन में क्यों अजनबी से हो जब कि
ख़्वाब में तुम दिल-आशना में थे

83

जम्हूरियत के सब ख़ाविंद चालबाज रहे

चश्म से क़ाफ़िला निकला तो ही लिहाज़ रहे
अश्क़ तनहा अगर बहे, नज़र अन्दाज़ रहे

मौत आई तो बहाने हज़ार ले आई
ज़िन्दगी को नहीं हासिल सही जवाज रहे

शेर उस बज़्म में जाने से लगे कतराने
जिस में शिरकत किए गीदड़ भी सरफ़राज रहे

इस तरह उनका सरापा किया बयाँ मैंने
नाम था इश्क़, हक़ीक़त में वो रिवाज रहे

दोष क़ाज़ी का बताएँ तो बताएँ कैसे
जम्हूरियत के सब ख़ाविंद चालबाज रहे

मौसीकी इन्स की परवान नहीं चढ़ पाई
बेसुरे लोगों के क़ब्ज़े में सदा साज रहे

84

वो थे घूँघट में पर हया में ना थे

वो सितारे जो आसमाँ में ना थे
हम तुम्हारे किसी गुमाँ में ना थे

हमने तनहा सफ़र किए हैं तय
कभी मौजूद कारवाँ में ना थे

हम कमल की तरह कर्द में खिले
हम परवरिश-ए-बागबाँ में ना थे

उनकी आँखों से शरारत ना गई
वो थे घूँघट में पर हया में ना थे

क्यों हम ख़ंजर से ख़ौफ़ खा जाते
हम इरादा-ए-क़ातिला में ना थे

इतनी मुश्किल भी मुलाक़ात ना थी
हम किसी दूसरे जहाँ में ना थे

तुम मेरे दिल की वो इबारत थे
तर्जुमे जिसके इस जबाँ में ना थे

<hr>

तर्जुमा = अनुवाद

85

बीज तामीर के तबाही में

ज़लज़ले छोड़ के जाते हैं सदा
बीज तामीर के तबाही में

मेरी लौ है फ़राज़ पर क्योंकि
तेरा रुख़ था दियासलाई में

सिर्फ़ एक पल के लिए आए तुम
हमको महीनों लगे विदाई में

तीरगी का सबब छुपा है कहीं
इन उजालों की बेवफ़ाई में

महफ़िलों में था गुमशुदा सा वो
क़ाफ़िले सा मिला तन्हाई में

मेरी चादर पे सिलवटें ना थीं
थी दरारें तेरी बीनाई में

उनकी तासीर बदल जाती है
जब दुआएँ मिलें दवाई में

86

मंच पर बरहना सियासत का, मुफ़्त में लोग रक़्स देखेंगे

मंच पर बरहना सियासत का
मुफ़्त में लोग रक़्स देखेंगे

हर मुसाफ़िर को ये ख़्याल रहे
लोग कदमों के नक़्श देखेंगे

क़त्ल है ये, ना तमाशा है कोई
कब तलक हो तटस्थ देखेंगे

आँख दो पल को जो खोलें मुर्दे
पूरी दुनिया को मस्त देखेंगे

जीत का सेहरा बाँध हम खुद को
आईने में शिकस्त देखेंगे

मैकदे में चलो, हरम में तो
हर जना खुद-परस्त देखेंगे

हम पुकारें तो आना खिड़की पे
इन निगाहों की जस्त देखेंगे

<hr>

87

क्यों सियासत को ख़ुदा लाज-ओ-हया ना दिया

जो हमको छाँव, परिन्दों को आशियाना दिया
क्यों उस दरख़्त को हमने सही सिला ना दिया

मेरी ज़बान थी ख़ामोश, मानता हूँ मैं
क्या मैं नज़र से तुझे ग़म की इत्तिला ना दिया

निभाई उसने अयादत की रस्म शिद्दत से
दवा भी लाया हमारी मगर दुआ ना दिया

ये सर-ए-आम घूमती है बरहना होकर
क्यों सियासत को ख़ुदा लाज-ओ-हया ना दिया

वो तब तलक मुझे मुट्ठी में जकड़ता ही रहा
जब तलक उसने मुकम्मल मुझे गँवा ना दिया

88

जिसको हम एक सदी कहते हैं, वक्त झपका के पलक जाता है

दिल की मुट्ठी से सरक जाता है
जज़्ब चेहरे पे झलक जाता है

जिसको हम एक सदी कहते हैं
वक्त झपका के पलक जाता है

रूह को रथ में उड़ा ले वो गया
जिस्म ताबूत में रख जाता है

मुझसे माँगा ही नहीं कुछ उसने
शायद सामर्थ्य परख जाता है

मेरी इस झील-ए-तसव्वुर में सुबह
कौन तैरा के बतख जाता है

तुझसे काग़ज़ पे लिखा कर लूँगा
जो तेरे लब पे अटक जाता है

89

इश्क़ में लब से निकलती हर सदा, गूंजने ताजमहल जाती है

ज़िन्दगी जब सवाल लाती है
उसका दे के हमें हल जाती है

इससे पहले कि एक चिराग़ बुझे
लौ किसी और की जल जाती है

इश्क़ में लब से निकलती हर सदा
गूंजने ताजमहल जाती है

जिसमें होना हो आप को मेरा
क्यों वो हर शुभ घड़ी टल जाती है

इन अंधेरों में क्या करेंगे शर
इनसे लड़ने तो मश'अल जाती है

प्यास को कम ना आँकना दरिया
ये समन्दर भी निगल जाती है

90

जहाँ पे आब है, शोलों का भी ठिकाना है

शोख़ियाँ जिनमें ढूँढता जो ये ज़माना है
उन निगाहों में हया का भी आशियाना है

कैसे ठहरेगा सुर्ख रंग इन गुलाबों में
आज कल भँवरों का अन्दाज़ सूफियाना है

तेरी तलवार से फूलों की महक आती है
तेरी खामोशी मगर लगती क़ातिलाना है

नाजनीना तू इबादत का इश्तिहार ना कर
हमको मालूम है तेरा इश्क़ गायबाना है

शाम गुजरेगी हमारी तुम्हारे दामन में
तमाम रोज़ का क़िस्सा तुम्हें सुनाना है

उनकी आँखों में हैं आंसू मगर इताब भी है
जहाँ पे आब है, शोलों का भी ठिकाना है

पहले देखेंगे कि पत्थर तू पिघलता है क्या
तुझको महबूब या फिर देवता बनाना है

✦

91

धुँध हट जाती है तब ही तो फलक दिखता है

तेरी आँखों में हमें तैरता शक दिखता है
धुँध हट जाती है तब ही तो फलक दिखता है

बात करता है वो ख़िदमत की दिवस भर लेकिन
रात को ख़्वाबों में बस राजतिलक दिखता है

कोई सूरज तेरी आँखों में भी ढला होगा
उनमें झाँकू तो मुझे रंग-ए-शफ़क का दिखता है

गर्द से मैंने तो ज़मीर की हिफ़ाज़त की
आईना कहता है चेहरे पे फ़रक दिखता है

जिस्म काग़ज़ सा है और रूह इबारत सी है
ये मकाला जो बना, सबसे अलग दिखता है

मकाला = लेख

92

साहिल से लिपट कर नदी सैलाब हो गई

कली इश्क़ की सूखी हुई, शादाब हो गई
साहिल से लिपट कर नदी सैलाब हो गई

पड़ने लगे कुछ विघ्न से साधु के ध्यान में
लगता है कोई अप्सरा बेताब हो गई

ये ज़िन्दगी जो आम सी आती थी नज़र वो
पा कर तुम्हारी कुर्बतें, नायाब हो गई

बढ़ने लगे जब एक दूसरे की तरफ़ गाम
दीवार दरमियान की खुद बाब हो गई

हमदर्दियों के चंद जो आंसू बहाए तो
बंजर पड़ी ज़मीन थी, सैराब हो गई

बाब = दरवाज़ा

93

आईना हमको सुखनवर सा नज़र आता है

जब हुकूमत से एतमाद उतर जाता है
फूल भी दे तो वो ख़ंजर सा नज़र आता है

शक्लें देखें तो बस हरियाली ही हरियाली है
और दिल देखें तो बंजर सा नज़र आता है

उसको पूजूँ तो एक उड़ता हुआ बादल है वो
उसमें डूबूँ तो समंदर सा नज़र आता है

ख़्वाब में मुझको मसीहा सा लगा था ये जहाँ
ख़्वाब टूटा तो सितमग़र सा नज़र आता है

तेरी बस्ती में मैं भगवान बनाऊँ कितने
इसमें हर दिल हमें पत्थर सा नज़र आता है

अक्स में शक्ल नहीं हमको ग़ज़ल दिखती है
आईना हमको सुखनवर सा नज़र आता है

⬥

94

दर्द दिल में यों तमक कर आए

जग ने जिससे वजूद पाया है
आज तक वो ना नज़र आया है

छुट्टियाँ हैं तो सियाहत करने
आज जंगल में शहर आया है

दर्द दिल में यों तमक कर आए
ज्यों रियासत में सदर आया है

तुमने रोका ज़बान पे उसको
सैल आँखों में उतर आया है

क़ैद बुलबुल से डर गया हाकिम
पंख भी उसके कतर आया है

जा मेरे यार अमर हो जा तू
मेरे हिस्से में ज़हर आया है

जिसने कातिल को ना रोका वो भी
क़त्ल में शिरकतें कर आया है

◦

<hr>

सियाहत = पर्यटन ; सैल = सैलाब

95

भ्रमर के इश्क़ में गुलाब लाल लाल रहे

यक़ीन दिल का थे, जेहन का एहतिमाल रहे
हम लाजवाब थे, तुम पूछते सवाल रहे

मैंने ख़्यालों में ज़िन्दगी को झील सा देखा
तैरते जिसमें मेरी साँसों के मराल रहे

जिस किसी को भी यहाँ अपना खिलौना समझा
उस के हाथों में खिलौने सा इस्तेमाल रहे

रूबरू रख हमें, तक़दीर परायों की सजीं
हम थे शफ़्फ़ाफ आइने जो खुद कंगाल रहे

फ़जाँ ने ले लिया ख़िताब, हक़ीक़त ये थी
भ्रमर के इश्क़ में गुलाब लाल लाल रहे

वफ़ा, जफ़ा, हो इश्क़ या हो मेरी रुसवाई
आप तो आप थे, हर फ़न में बेमिसाल रहे

❧

मराल = हंस ; एहतिमाल = शक

96

सूखे दरिया भी महफ़िलों में यहाँ, तन पे सैलाब ओढ़ कर आए

जो असल थे वो सभी चेहरे तो
लोग घर में ही छोड़ कर आए

सूखे दरिया भी महफ़िलों में यहाँ
तन पे सैलाब ओढ़ कर आए

मुझको मालूम है एक आवाज़ है तू
फिर भी चाहता हूँ दौड़ कर आए

जलजले से ये इल्तिजा थी मेरी
बस कोई दिल ना तोड़ कर आए

निकले बुनियाद से सदा एक दिन
गुम्बदों में हिलोर कर आए

बुझ गए क्या हुआ, चिराग़ थे हम
कुछ अंधेरों को भोर कर आए

हम अमीरों के घर गए, उनकी
मुफ़लिसी पे भी गौर कर आए

हमने तिनके भी गिराए तो वो
उनके महलों में शोर कर आए

◦◦◦

97

दिखलाओ वो दुनिया जो कि औरत के नाम है

मंज़िल मिली मुझे तो मैंने उससे कह दिया
जो भी है मेरी हस्ती, मसाफ़त के नाम है

रब ने ये एक सवाल आदमी से कर दिया
दिखलाओ वो दुनिया जो कि औरत के नाम है

तक़दीर अपनी ढूँढती है जिसमें रियाया
खुद वो जम्हूरियत तो तिजारत के नाम है

हमने त'आरूफ ताज का खुद से यूँ कराया
इकलौती इमारत जो मोहब्बत के नाम है

सौंपे हैं इश्क़ ने सिर्फ़ हबाब वस्ल को
दरिया तो उसने कर दिया फुरकत के नाम है

❦

98

मौजूद रहे तुम मगर महसूस ना हुए

बीती हैं मुद्दतें हमें दिल-आशना हुए
मौजूद रहे तुम मगर महसूस ना हुए

कुदरत का मानिए इसे उसूल ओ क़ायदा
दरिये फ़ना हुए तो समंदर जवाँ हुए

हम एक दूसरे का कभी अक्स ना बने
हम एक दूसरे के लिए आईना हुए

जो जाल वहम का बुना गया था पलों में
गुजरी तमाम उम्र, ना उससे रिहा हुए

हम को भी मुश्किलों में सहारे दिए गए
हम खुद भी दूसरों के लिए आसरा हुए

मिलवाईए एक आध से तो जो भी ये कहे
बेचा नहीं ज़मीर मगर कामराँ हुए

कामराँ = कामयाब

99

तेरे हाथों में हिना जँचती है

पत्थरों में तो जुबाँ बसती है
यहाँ समा'अत की तंग दस्ती है

चाँद बादल में ना छुपे तो फिर
चाँदनी मुझ से आ लिपटती है

कह नहीं पाया महजबीं से मैं
तेरे हाथों में हिना जँचती है

रब्त आँखों का हो तो खामोशी
बादलों की तरह गरजती है

कब्र पे पीर ने ये लिखवाया
वाँ भी मस्ती थी, याँ भी मस्ती है

जान लो, लोमड़ी सियासत की
गाय की खाल में ही सजती है

समा'अत = सुनने की शक्ति

100

सुबह जब आँखें खुलीं, धूल के गुबार मिले

हमारे वास्ते नज़रों में इन्तज़ार मिले
इस मसाफ़त को वो मुकाम बार बार मिले

दर खुले और मुझे रूबरू पा के, तेरी
निगह में फूटता हुआ कोई अनार मिले

ना ख़िज़ाओं में कभी जिसने मेरी सुध ली हो
वो शख़्स मुझको कभी ना सर-ए-बहार मिले

क़ाफ़िले ख़्वाबों के गुजरे थे नींद में, लेकिन
सुबह जब आँखें खुलीं, धूल के गुबार मिले

ज़र्मीं ज़मीर की, मंदिर के नाम पे थी जो
उसी ज़मीन पे सजते हुए बाज़ार मिले

101

ग़म ये हाजी बने क़तार में हैं

दिल को मक्का मैंने बनाया तो
ग़म ये हाजी बने क़तार में हैं

जाने कब इनकी ख़िज़ाँ आएगी
दर्द तो मौसम-ए-बहार में हैं

मंदिरों में तो आप कम हैं प्रभु
आप ज़्यादा तो इश्तिहार में हैं

लौ चिराग़ों की इस जमाने में
क्यों हवाओं के इख़्तियार में हैं

जिस्म हर चित्र में नज़र आए
मंजर-ए-रूह शाहकार में हैं

तब नज़र आए मसीहा जब ज़ख़्म
हो के खुद ही दफ़न मज़ार में हैं

——◦——

102

जबाँ पे मुल्क पर ज़ेहन में ख़ानदान रहा

इमाम कुफ़्र कर गया, वो बुत समान रहा
ज़ुबान ले ली ख़ुदा से पर बेज़ुबान रहा

मरहले दरमियान के जुदा जुदा थे मगर
सभी का आख़िरी मक़ाम तो श्मसान रहा

शुक्रिया उसका भी करना पड़ा है मजबूरन
मैं जिसकी मेहरबानियों से परेशान रहा

हम बुलबुलों के नशेमन से रश्क करता रहा
वो, जिसका हर गली कूचे में इक मकान रहा

कहती है आके जनाज़े पे तिजोरी मेरी
मेरा मालिक नहीं तू मेरा पासबान रहा

अहम ने कौन सा आब-ए-हयात पाया है
आदमी हो गया जईफ, ये जवान रहा

बात ख़िदमत की, चलाता मगर दुकान रहा
जबाँ पे मुल्क पर ज़ेहन में ख़ानदान रहा

⸻◦⸻

जईफ़ = बूढ़ा

103

तिशनगी में भी ज्वार आते हैं

चल समन्दर को ये बताते हैं
तिशनगी में भी ज्वार आते हैं

दर्द को कह दिया मैंने हंस कर
तेरे जैसे हज़ार आते हैं

मुझ को गढ़ने के लिए रातों को
ख़्वाब बन कर कुम्हार आते हैं

फूल कहता है उसको ग़म ना कोई
फिर भी कई ग़मगुसार आते हैं

तुम तो अपने हो, क्या छुपाना है
हम ये चेहरा उतार आते हैं

दिल में जज़्बात जो नहीं, उनके
शक्ल पे इश्तिहार आते है

ये चरागाँ भी तो शिकारी हैं
करके तम का शिकार आते हैं

————◦◦————

104

आग फैली वोही शहर में थी

मैंने मंज़िल में तलाशा जिसको
वो शबाहत मेरी, डगर में थी

मैं मुक़ाँ पे हूँ मुख़्तसर, मेरी
जो भी तफ़सील थी, सफ़र में थी

था सदाओं का मुंतज़िर, जुंबिश
उन लबों की मेरी नज़र में थी

जो तेरी ख़ैरियत बयाँ कर गई
जान तो मेरी उस ख़बर में थी

मैं वो कश्ती बना रहा ता-उमर
जो सदा आपके भँवर में थी

क़ाफ़िले रूबरू रहे लुटते
फिर भी उम्मीद राहबर में थी

हमने जंगल में लगाई थी कभी
आग फैली वोही शहर में थी

105

मैं रुबाई सा लिखा जाता हूँ

बेज़ुबाँ मुझसे बात करते हैं
मैं समा'अत के उस मक़ाम पे हूँ

उसकी चाहत की तलब है मुझको
मैं अभी जिसके एहतिराम पे हूँ

मेरी तन्हाई का सबब ये है
मैं वो मीरा हूँ जो बस श्याम पे हूँ

बेचता हूँ नहीं ख़ुद्दारी को
इसलिए बोझ मैं हुक्काम पे हूँ

वो शुरू फिर हुई जब उससे कहा
मैं ज़ियारत तेरे अंजाम पे हूँ

मैं रुबाई सा लिखा जाता हूँ
मुनहसिर मैं, मेरे ख़य्याम पे हूँ

समा'अत = सुनने की शक्ति

106

दरख़्त एक मगर उस पे दास्तान कई

शिकस्ता बर्ग, खिले फूल, समरदार डली
दरख़्त एक मगर उस पे दास्तान कई

जबीं पे जाँ के सनम का इश्क़ से तर बोसा
बदन पे एक मगर रूह पे निशान कई

कई सदी से सदाऐं दफ़न हैं इनमें ख़ुदा
नवाज़ो एक एक बुत को तुम ज़बान कई

कफ़स की तीरगी की कालिमा में झूम रहे
मिरी चश्म के नीलगूँ ये आसमान कई

वो मैंने ख़ुद को एक मंदिर बना लिया जब से
तो मेरे गिर्द खुल गईं यहाँ दुकान कई

हुनर है लोगों में गागर में बहर भरने का
सवाल एक मगर उसमें इम्तिहान कई

107

उड़ान जिसने भरी, आसमाँ उसी का हुआ

निगाह में तो उसे सब ने बसा रखा है
उड़ान जिसने भरी, आसमाँ उसी का हुआ

मेरे अल्फ़ाज़ों को ना कद्र महफ़िलों की मिली
गीत जलवा बना तो नाम मौसीकी का हुआ

महजबीं तू जिसे सीने से लगाए घूमे
वो आईना है, सगा जो नहीं किसी का हुआ

भेड़ियों ने नक़ाब हर क़िस्म के आज़माए
फिर भी चेहरा ना बदल कर के आदमी का हुआ

हम जेहानत के एतबार में हमेशा रहे
लेकिन दरबार में एतराफ़ पैरवी का हुआ

www.ingramcontent.com/pod-product-compliance
Lightning Source LLC
Chambersburg PA
CBHW040804120726
48005CB00012B/1294